Griefs que fournir devant vous nosseigneurs en
parlement en la deuxieme chambre des Enquetes

Louis Joseph Cousin me brasseur a Paris appellant
de la Sentence de Separation de corps es de biens du Chatelet
de paris du 9 aoust 1730

Contre anne Margueritte de la Herge Sa femme Jntimée

Pour satisfaire a larest de Conclusion du 22 xbre 1730 par
lequel Sur lapel, les parties ont eté appointees a fournir griefs
es reponses, faire production nouvelle en icelle, contredire dans
le temps de lordonnance, a ce quil plaise a la Cour par larest
qui interviendra, mettre l'appellation de la Sentence dont est appel
au neant, emandant, Sans avoir egard a lenquete faitte a la requete
des intimee, et ayant egard aux preuves Concluantes qui resultent de
celle faitte a la requete de lappellant, deboutte l'intimée de sa
demande en Separation de corps es dhabitation du 18 8bre 1728, En
consequence ordonne que dans lejour de la Signiffication de larest qui
interviendra, elle Sera tenue de retourner en la maison de son mary
es d'y rapporter tous les meubles et hardes et effets qu'elle en a emporté
Sinon permis a l'appellant de les reprendre par tout ou il les trouvera
comme aussy qu'elle Sera tenue de s'y Comporter avec douceur et
modestie, ansy qu'il Convient a une personne de son Sexe, Sans y
causer aucun Scandale, comme elle a fait cy devant par ses injures
violences et emportements, es Conde l'intimée aux Depens tant des
Causes principalles que d'appel, de Simples menaces qui n'ont
jamais eté executees, des pretendus Sevices et mauvais traitemens
qui quand meme on les Supposeroit prouvees Se trouveroient
pleinement effacez par une reconciliation parfaitte Suivie d'une
cohabitation continuelle et non Interrompue de deux annees
et meme de Survenante d'enfans faits dailleurs dont on ne
pourroit rejetter la cause que Sur les Caprices et injures Continuelles
d'une femme toujours de mauvaise humeur et emportée contre son
mary peuvent ils Servir de fondemens legitimes a une demande
en Separation de corps es dhabitation. Tel est
Lobjet de lapel dont il s'agit.

Les premiers Juges par leurs Sentences ont en pareil cas
ordonner la Separation, il ne Sera pas difficile de faire veoir
combien leur Sentence blesse l'interest public q. l'honneur
e la dignité du mariage, mais auparavant l'on croit devoir
appeller les principalles + Circonstances + du fait et de la procedure

Griefs que fournit devant vous nosseigneurs a
deppartement en la deuxieme chambre des Enqueter

Louis Joseph Cousin me brasseur a Paris appellant
de la Sentence de Separation de corps es de biens du Chatelet
de paris du 9 aoust 1730

Contre anne Margueritte de la Herge Sa femme Jutimée
Pour Satis faire a larest de Conclusion du 22 xbre 1730 par
lequel Sur lapel, les partier ont été appointées a fournir griefs
dereponses, faire production nouvelle en icelle, contredire dans
le temps de lordonnance, afin quil plaise a la Cour - par larest
qui interviendra, mettre l'appellation de la Sentence dont est appel
au neant, emandant, Sans avoir egard a lenquete faite a larequete
des intimer, et ayant egard aux preuves Concluantes qui resulve de
celle faitte a larequete d'lappellant, deboutte l'intimée de Sa
demande en Separation de corps es dhabitation du 18 8bre 1728, En
conseq ce ordonne que dans le jour de la Signiffication de larest qui
interviendra, elle Seratenue de retourner en la maison de Son mary,
es d'y rapporter tous les meubles et hardes et effets quelle en a emporté
Sinon permis a lappellant de les reprendre par toutout les trouvéra
comme aussy quelle Sera tenue de sy Comporter avec douceur et
modestie, aussy quil Convient a une personne de Son Sexe, Sans y
causer aucun Scandale, comme elle a fait cy devant par Ses injures
violence et emportemens, es Cond ce l'intimée aux depens tant des
Causes principalles que d'appel de Simples menaces qui n'ont
jamais ete executées, des pretendus Sevices et mauvais traitemens
qui quand meme on les Supposeroit prouves Setrouveroient
pleinement effacez par une reconciliation par faite Suivie d'une
cohabitation continuelle et non Interrompue de deux annees
et meme de Survenante d'en Sans Fait dailleurs dont on ne
pourroit rejetter la Cause que Sur les Caprices et injures Continuelles
d'une femme toujours de mauvaise humeur et emportée contre Son
mary peuvent ils Servir de fondemens legitimes a une demande
en Separation de Servir de fondemens corps es dhabitation. Tel est
Le bref delapel dont il s'agit.

Les premiers Juges par leurs Sentences ont en pareille cas
ordonnees la Separation, il ne Sera pas difficile de faire veoir
combien leur Sentence blesse l'interet public q lhonneur
de la dignité du mariage, mais auparavant l'on croit devoir
rappeller les principalles Circonstances du fait es de la procedure.

Griefs que fournis devant vous nosseigneurs a
département en la deuxieme chambre des Enquetes
Louis Joseph Cousin me brasseur a Paris appellant
de la Sentence de Separation de corps es de biens du Chatelet
de paris du 9 aoust 1730
Contre anne Margueritte de la Verge Sa femme Intimée
Pour satisfaire a l'arest de Conclusion du 22 Xbre 1730 par
lequel Sur lapel, les parties ont été appointées a fournir griefs
et reponses, faire production nouvelle en icelle, contredire dans
le temps de l'ordonnance, a ce qu'il plaise a la Cour par l'arest
qui interviendra, mettre l'appellation de la Sentence dont est appel
au neant, emandant, sans avoir egard a l'enquete faite a la requete
des intimer, et ayant egard aux preuves Concluantes qui resulte de
celle faitte a la requete de l'appellant, deboutte l'intimée de sa
demande en Separation de corps et d'habitation du 18 8bre 1728, En
conseq[uence] ordonne que dans lyour de la Signiffication de l'arest qui
interviendra, elle sera tenue de retourner en la maison de son mary
es d'y rapporter tous les meubles et hardes et effets quelle en a emporté
sinon permis a l'appellant de les reprendre par tout ou les trouvera
comme aussy quelle sera Tenue de sy Comporter avec douceur et
modestie, aussy quil Convient a une personne de Sonsexe, sans y
causer aucun Scandale, comme elle a fait cy devant par ses injures
violences et emportement, es Cond[amner] l'intimée aux Depens tant des
causes principalles que d'appel, de Simples menaces qui n'ont
jamais ete executées, des pretendus Seures et mauvais traitemens
qui quand meme on les Supposeroit prouvees se trouveroient
pleinement effacez par une reconciliation parfaitte Suivie d'une
cohabitation continuelle et non Interrompue de deux annees
et meme de Survenante d'enfans faits d'ailleurs dont on ne
pourroit rejetter la Cause que Sur les Caprices et injures continuelles
d'une femme toujours de mauvaise humeur et emportée contre son
mary peuvent ils Servir de fondemen legitimes a une demande
en Separation de etendre de fondement corps et d'habitation. Tel est
l'objet de l'apel dont il s'agit.

Les premiers Juges par leurs Sentences ont en pareil cas
donnée la Separation, il ne Sera pas difficile de faire veoir
Combien leur Sentence blesse l'interest public q. l'honneur
et la dignité du mariage, mais auparavant l'on croit devoir
rappeller les principalles + Circonstances du fait et de la procedure

Fait

L'appellant est M.e Brasseur en cette ville, et fils
deffunt Joseph Cousin aussi M.e Brasseur, il a toujours pa[ssé]
dans son quartier et dans sa communauté pour un parfai[t]
honeste homme, et très appliqué au soin de son Commer[ce]
ses affaires domestiques.

En l'année 1722 il a epousé Anne marguerite Dela V[erde]
Intimée fille de Jean baptiste de la Verde et de marie Cath[erine]
de marge par son contract de mariage du 10 7.bre 1722, le[s]
de la Verde constituerent en dotte a leur fille une somme d[e]
seavoir 1500.tt en argent Comptant et les 600.tt restans en hard[es]
nippes, et ustanciles de menage, et lors de la quittance d[e]
du 24 8.bre suivant ils luy donnerent en avancement d[e]
2.159.tt En vaiselle d'argent, meubles et autres ustanciles [de]
menage, cest la proprement a quoy se reduit toutte la dotte
l'intimée dont l'on voit meme qu'une bonne partie n'a eté p[ayée]
qu'en linge, hardes, et autres nippes que l'on a par manque[ment]
l'usage d'estimer le double de leur juste valeur.

L'arrest et d'elle de la Verde En faveur du mariage de leur
luy constituerent aussy une rente de 200.tt au prix de 4.000
prendre sur tous leurs biens, et dont le fonds est toujours resté
leurs mains de sorteque cette rente se trouvant aujourd'huy
En nature, l'on auroit tort a cet egard de reprocher à l'appel[lant]
aucun fait de dissipation.

Enfin par le meme contract de mariage il est dit qu'en cas de sur[vie]
a la Communauté par la future ou par ses h015 heritiers, l'appellan[t]
deux annees de delay pendant la restitution de la dot sans que
pendant ce temps il soit tenu d'en payer aucun Interest.

Le premier soin de l'appellant apres son mariage fut
reprendre dans son Commerce les 1500.tt d'argent Comptant qu[i]
avoient fait partie de la dot, et de s'attacher par touttes sor[tes]
de complaisances, d'honesteté, et de douceur a gagner le Cœur d[e sa]
femme et il y étoit parvenu, il en a meme eu plusieurs enfa[ns]
dont il luy en reste deux vivants, lorsque le S.r et d.lle de la [Verde]
avec qui l'appellant a demeuré les huit premieres annees d[e son]
mariage, pour les venger de quelques differents qu'ils avoi[ent]
eu ensemble, vinrent tout d'un coup souffler le feu de la
discorde dans le menage, et changerent le cœur de leur fill[e]

L'appellant eprouva bientot, par son malheur les funestes e[ffets]
de ce changement, car au lieu de trouver dans son mariag[e les]
douceurs et les agremens qu'il y avoit gouté pendant les deu[x]
premieres annees, il n'y remontra plus qu'une ennemie imp[lacable]
et acharnée a ne luy laisser aucun repos.

Il fut surpris de ne plus revoir en sa nouvelle epouse[e]
de ces Caracteres bizarres et singuliers qu'il n'est pas po[ssible]
de diffinir et qui semblent   pour mettre
a lui ruder epreuves de la patience du mary le plus fl[egmatique]
et le plus complaisant, fiere d'une dotte modique qu'elle

apportée, cherchant a chaque instant querelle a son mary —
trouvant continuellement contre luy les injures les plus atroces
capricieuse, refusant sans sujet d'habiter, voulant toujours
coucher dans une chambre séparée, ou dans l'appartement de ses
pere et mere, jalouse au suprème degré, tout luy faisant ombrage,
fuyant la compagnie des plus honnestes gens, secondée dans tout
ses caprices par sa mere, joignant a tous cela beaucoup de
foiblesse d'esprit et contre le penchant naturel du beau sexe qui ne
cherche qu'a plaire, un gout tout particulier, pour se mettre extraordinairement
et peu la malpropreté.

L'appellant offroit il une verre de biere a quelqu'uns qui le
venoit voir ou a quelques ouvriers qu'il avoit fait travailler, chez ou dans
les plus grandes chaleurs de l'eté apres un long et penible travail, —
alloit il se refraichir dans le voisinage, aussitot il se voyoit
suivy de l'intimée qui l'accabloit de reproches et des injures les
les plus sensibles et les plus mal fondés, et qu'il le traitoit de dissipateur
qu'il mangeoit son bien.

Les jours de repas, revenoit il de la promenade avec quelqu'uns —
de ses amis et leurs femmes que l'intimée avoit refusée d'accompagner,
nouveaux reproches, nouvelles injures, c'etoit un P. Bertin, un débauché
qui frequentoit des femmes de mauvaise vie, telles sont les epreuves
cruelles aux quelles l'intimée, depuis ce temps de discorde, a, —
mis l'appellant mais s'il ne s'en plaint pas, il ne peut oublier qu'elle
est sa femme, il s'en meme a chaque instans renouvelle la mitré
qu'il luy avoit juré a la face des autels et n'attribue tous ces ecarts
qu'a des impressions etrangeres, impressions qui ne subsistant
plus aujourd'huy, qu'il demeure dans une maison séparée
de celle de dela Verde et meme dans un quartier d'different, il
espere que sa femme n'etant plus a portée d'écouter les mauvais
conseils de sa mere restera dans son devoir.

Tout autre que l'appellant n'eut pas pû resister a de si rudes
attentes sur tout si l'on considere que l'appellant est un jeune
homme plein de feu et d'enjoue et qui semble incompatibles avec —
certaines bienseances et ménagement qui ne sont connus qu'entre
personne d'un rang plus relevé, mais pour dans les emportemens les
plus violentes de sa femme et de sa belle mere, il ne luy est jamais
echapé aucun trait ni aucune parole qui puisse servir de fondement
legitime a leur demande en separation d'habitation, il a toujours
taché de les faire revenir par beaucoup de douceur et de complaisance
s'il n'en étoit pas de meme de l'intimée et de sa mere qui ont
bien sans aucun sujet repandu leur bile contre l'appellant —
vomy contre luy les injures plus grossieres et les plus
outrageantes, aussitot l'intimée a l'instigation de son pere et
mere alloit rendre plainte chez le commissaire de pretendus mauvais
mauvais traités meme contre son mary

on trouve deux de ces plaintes dattée des 23 avril et 29 may —
1741 et 17 xbre 1745 la premiere est de deux années posterieures
au mariage et mais bientot le calme sembla succeder a l'orage,
les plaintes furent entierement abandonnés et enseveli dans
l'oubly.

L'appellant et sa femme habiterent ensemble pres

de deux années s'ouspçonneux usage ayt troublé leur union,
Cette habitation fut même couronné par la naissance d'
desorte qu'il y a eu des lors vous par faitte renonciation
le mary et la femme, ce qui a entierrement aneanty les trois
plaintes et effacés les faits pretendus de severités et mauva
traitemens qu'elle rien ferment;

Un accident qui survint malheureusement vint troub
tout d'un coup cette paix si desirée et que l'appellant a
tant de fois regretté, l'intimée se pretendit atteinte d'une
Indisposition dont sous aucun mauvais Commerce se tro
atteintes les personnes qui font vn vsage trop frequent
liqueurs sortes telles que la biere le cidre et autres

Cependans comme si ce mal neut pas pûs prendre et
que dans son Commerce impreve le 17 8bre 1728 l'Intimée
vne nouvelle plainte contre son mary, apres y avoir rappe
tous les faits contenus en ses trois biens plaintes precedentes q
entierrement aneantis par vne habitation continuelle
deux années suivies de la naissance d'enfans, elle y ex
que l'appellant a frequenté des femmes de mauvaise vie
ous donnée du mal, qu'il luy a Communiqué, et dou elle se
atteinte c'est eluée fondement que le lendemain 18 8bre en ve
d'vne ordre portant authorisation de sa personne à la poursu
de ses droits elle fit assigner l'appellant à Comparoir celu
en l'hotel d'vn S.r lieutenans Civil pour etre les parties enten
en presence l'une de l'autre, et recevoir dire qu'attendu le
dont elle pretendoit etre atteinte et pour en Contarter le
il luy seroit permis de la faire visitter par tel medecin
chirugien, qu'il seroit nommé d'office pour apres la visi
faitte et attendu le besoin pressant qu'elle dit avoir de re
se faire traiter ou et par qu'il elle jugeroit apropos, par le
exploit, elle fit assigner l'appellant à la fuitaine au pa
par ordonner qu'attendu les pretendus excés violence
mauvais traitemens, comme aussy attendu la maladie
elle attaquée, elle seroit et demeureroit separé de biens
d'habitation davec son mary, que deffenses luy seroient f
de la hauter ny frequenter en sa personne, et en Consequen
la renonciation qu'elle en doit faire aes Communautés qu
qui etoit eté stipulé entre eux, qu'il seroit Condamné
rendre et restituer les 2559.t qu'elle avoit apporté en
et toutes les autres sommes qu'elle justiffiroit avoir e
par luy receues avec Interests et depens, enfin apres a
par sa requête introductive de l'Instance rappellée
les faits pretendus de violence de debauche et
dissipation qu'elle avoit hazardé par ses differentes
plaintes, elle demanda aussy en cas de deny de ce
qu'il luy permis d'en faire preuve, et cependant en atte
la visitte par elle demandée, et apres qu'elle s

guerie quil luy estoit permis d'en faire ... et de demeurer
avec ses pere et mere

Le lendemain 19 8bre 1728 il fut rendu procès verbal de
referée en l'hotel du lieutenant civil par lequel apres avoir
donnée acte a cette Intimée de ce quelle persistoit dans tous les
faits portés par sa plainte et requeste pour faire droit aux
parties sur la demande principalle, il les renvoye a
l'audience dans les delays de lordée et au premier jour aussy
à l'audience sur celle de L'Intimée, afin d'etre visitté et
medicamenté et cependant luy permes de demeurer chez ses
pere et mere

L'Intimée n'avoit pas entendue cette permission pouvoy
retirer, et elle auoit meme emporté les meilleurs effets de la
Communauté

Le 20 8bre elle fut signiffier cette ordonnance a lappellant
et le fit assigner de nouveau pour etre statué sur la
visitte par elle demandée

Le 23 8bre Sentence contradictoire en consequence qui
ordonne que tant lappellant que l'intimée seront veuer et visittées
par quel expers medecin et chirurgien quils conviendront sinon nommez
d'office, lesquels rapporteront la qualité de la maladie si aucuns y a
pour etre ensutte ordonnée ce que de raison

Le 4 9bre L'Intimée pour faire cette visitte, elle nomma de
sa part les sieurs Lepis et Lombart luy medecin et lautre chirurgien
du hatelet, lappellant qui n'auoit rien a se reprocher, consentit
aussi par acte du 9 9bre d'etre visittée par les mêmes medecin
et chirurgien.

Les premiers juges par Sentence du 10 9bre donnerent acte
aux parties de leurs nominations, ils ordonnerent sans prejudice a
leurs droits aussy pal quelles seroient visittées par les medecin et
chirurgien par elle nommez, n'entendre que le langage de L'Intimée
et a voir tous ses demarches qui neut crû que le mal dont elle
se disoit etoit d'une nature a ne pouvoir etre guerie que par
le secours de ce quon appelle le grand remede; cependant par le
raport de visitte qui fut faitte de sa personne le 22
9bre 1728 par les Srs Lepy et Lombard, il se trouva que
tout le mal pretendus pour lequel elle auoit fait tant de bruit,
n'estoit qu'un ecoulement tres leges d'un humeur etrangere qui
ne prouenoit que d'un foible reste de gonorrhée, et l'egard
de lappellant les memes experts, par leur raport du 26
9bre attesterent qu'apres l'auoir visittée exactement
par toutter les parties de son corps, ils l'auorent trouvé
tres sein et nullement atteint d'une grande maladie
venerienne dont ils n'auoient point trouvé la moindre trace
ni vestige, ce qui fait veoir que fut tres mal apropos que
sa femme auoit voulu rijetter sur luy son indisposition
Cependant le 2 de 9bre 1728 elle demanda qu'attendue

que cette indisposition se trouvoit contestée par
rapport de visitte qui devoit être faite de sa personne
et qu'il y auoit necessité qu'elle se fit traiter et medicamen-
ter. Les Conclusions qu'elle auoit prises par sa requete en separation d'habitation du 18 8bre luy furent adjugés, et en consequence qu'il luy fut permis de se faire penser et medicamen-
ter par qui et dans tel endroit qu'elle jugeroit apropos et
pour subvenir aux frais de sa guerison, il luy fut accordé
600tt de provision ou telle autre somme qu'il plairoit à
elle n'hesita pas meme de demander que son mary fut condamné meme par corps au payement de cette provision. Un ma-
mouris complaisant que l'appellant eut été indigné d'un
procedé, et voulut pour l'empescher d'en temoigner son ressenti-
ment par ses deffenses du 29 8bre, il declara que sans vouloir
penetrer la Source de l'indisposition de sa femme qu'il
vouloit bien n'attribuer qu'au   de son temps
ou a quelque cause innocente, et à laquelle il venoit pleu
d'etre constatée par le report de visitte du 26 8bre il n'a
aucune part, il etoit prest, et offroit de la recevoir chez luy
et de luy fournir tout ce qui seroit necessaire pour sa
guerison, meme de payer le chirurgien qu'elle voudroit
choisir.

Il demanda en meme temps acte de ses offres et
deboutant de ses demandes il fut ordonné qu'elle seroit
dans le jour de retourner chez luy, et de rapporter tout ce
en auoit emporté, sinon qu'il luy seroit permis de les rep
par tout ou il les pourroit trouver.

L'Intimée au lieu d'accepter des offres aussi raisonnables
en dechainant une occasion aussi favorable de se reconci
son mary n'en devint que plus emportée; le 1er 9bre
elle articula plusieurs faits qui n'auoient que pour ob
que de prouver que c'etoit luy qu'il auoit gratiffiée de l'indisp.
legere dont elle se trouvoit attaquée, et demanda permis
d'en faire preuve, ainsy que de tous les autres faits portez
mes plaintes et requetes.

Depuis sa instance de separation liée au chatelet et l'in
auoit aussi rendue contre differents particuliers trois
plaintes des 24 mars, et 26 9bre 1728, de plusieurs fait
absolument etrangers a l'appellant, et ausquels il n'a
jamais eu la moindre part, mais comme si les faits eux
été capables d'influer sur l'appellant, et d'opérer contre
une separation d'habitation, par une requete du 25 Janv
1729, elle demanda permission d'en faire preuve

Les Juges du chatelet prévirent bien que quand meme
par un Droit éprouver qu'il ne tenoit que de son maria
l'indisposition dont elle se plaignoit, une fait de cette
nature ne pouvoit jamais servir de fondement legitime
a une separation d'habitation, c'est pourquoy il

ils n'eurent aucun egard a la demande x ou faire preuve qu'elle
avoir formée;

Mais par sentence contradictoire du 16 mars 1726, après avoir
appointé les parties, aussi ils luy promirent de faire preuve devt
Le Commissaire Labbé qui avoit receu tous ces plaintes des
faits seulement, des pretendus services et mauvais traitemens
qui y etoient mentionés, ils permirent aussy a l'appellant de
faire preuve contraire devant le Commissaire Gallion pour
et cependant en attendant le jugem. diffinitif, ils accorderent a
l'Intimée 300 lt de pension,

Les parties ont en consequence fait faire leurs enquestes,
et par acte du 3 avril 1730, l'Intimée a renoncé a la comté
de biens d'entre elle et son mary, pr se tenir a son repliquer
et Conventions Matrimoniales;

Il est dit ensuitte de cet acte qu'il a ete insinuée dans le
3 mars precedent, cest adire un mois avant sa datte, ce qui le
rend nul

Enfin l'Intimée par son avertissement du 27 Juin suivt
fol. 43. ayant declarée formellement qu'elle n'entendoit
pas se servir du moyen qu'elle avoit dans ces differens
requetes tiré de son indisposition mentionée dans le raport de
visitte de sa personne du 22 9bre 1728 y ayant reconnue
que cet legere accident, en etoit point une cause valable
de separation, l'appellant par sa requete du dy Juillet 1730 a
demandé acte de cette declaration et reconnoissance et tant
par cette requete que par celle du 24 mars precedent, il Conclud
a ce qu'en consequence des preuves qui resultoient de son enqueste
et attendu que les pretendues services et mauvais traitemens
articulés par l'Intimée, n'avoient aucun fondement, qu'ils
n'etoient nullement prouvez, et que d'ailleurs ils n'etoient pas
suffisans pour obtenir une separation d'habitation, qu'elle
fut deboutée de la demande en separation de corps et d'habitation
En consequence qu'elle fut tenue de revenir en la maison de son
mary, de rapporter tous les effets qu'elle avoit emportée et de se
Comporter avec douceur et modestie, sans y causer aucun
scandale, comme elle avoit faitte auparavant par les Injurier
et violenter et emportement, et Condamnée en les dommages
et Interests et aux depens

Ces demandes ont ete depuis appointées a Jointer au
proces par sentence du 21 Juillet 1730

C'est en cet effet que le 6 aoust suivant est Intervenue la
Sentence diffinitive dont est appel en la Cour

Cette sentence ordonne que l'Intimée sera et demeurera
Séparée de biens et de corps d'avec l'appellant son mary luy
est diffuser de la hanter ny frequenter, et en consequence
la renonciation par elle faitte a la Communauté de biens
stipulé entre eux par leur Contract de mariage, elle

condamne l'appellant a rendre et restituer a l'Intimée
2589tt qu'elle luy avoit apporté en dot suivant leur contrat
de mariage et la quittance etant en suitte des 10 7bre et 24 8
ensemble de toutes les autres sommes qu'il justiffiroit avoir
peu luy revenir de ses biens aux Interests du jour de la
demande et de l'acquitter de toutes les dettes aux quelles il l'a pû
l'avoir fait obligé.

Enfin elle decharge l'Intimée de la demande contre
formée en restitution de tous les effets qu'elle auroit emporté
de la maison de son mari, en affirment qu'elle qu'elle n'en
emporte de la maison de son mari en affirment a luy
appartenant, et qu'elle n'en retient aucun directement
ni inductelement et le condamne aux depens ————

Après ce detail des faits et de la procedure, les griefs
contre cette sentence se presentent naturellement

Premier Grief

En vain entreprendroit on icy de s'etendre sur la
faveur des mariages, personne n'ignore que le mariage
est la plus sainte de toutes les societez, qu'elle est
etablie de droit divin, et plus les mariages sont favora[bles]
et necessaires a l'Etat, plus aussy les Juges et les magist[rats]
doivent ils etre attentifs a n'en rompre les liens que p[our]
des causes tres graves quod deus Conjunxit homo non
Separat.

De la vient que le Pape Innocent .3e Chap. litera[m]
Extra de restitutione spolia terreus dit que pour op[erer]
une separation de corps et d'habitation pour cause de s[évices]
et de mauvais traitemens, il faut que les Séviers [soient]
tels, qu'ils mettent la femme en peril Munineus de sa [vie]
Si Tanta sit vris feritia et mulieri Trepidanti non[dum]
sufficiens securitas provideri non solum non deber resti[tui]
sed ab eo potius removeri.

Argoust en ses Instituts Tom. 2. liv. 3. chap. 20 Etab[lit]
le meme principe et il adjoute que dans les sortes de
Separations il faut aussi considerer avec attention la [qualité]
des parties, ce qui peau ce qui seroit une cause valable de sepa[ration]
entre personnes de la premiere condition au dessus de [ce qui]
souvent ne merite pas la plus legere attention de bas[se]
condition et il y a un arret du parlement de Grenoble
3 Feuillet 1650 raporté par Basm, Tom. 1er, liv.
2e. 9 chap. 9 qui a jugé qu'a moins que les sevices
ne soient atroces la femme ne peut demander la separa[tion]
et qu'une honneste correction est permise au Mar[i]

Enfin pour pouvoir valablement ordonner une
Separation de corps et d'habitation des simples plaintes [d'une]
femme sortie de la chaleur d'une dispute qu'el[le]

aura eü (traités) de son mary, aura rendüe devant les Commissaires
Sur le fondement d'il prétend s'estre eü et mauvais traitemens
par les injures reçeüntes et emportemens, ne fuziveient pas
il faut qu'elle ait presenté sontamment ou sans aucune interuption
à l'interruption dans la mesme volonté, de suivre la plainte, et
qu'immediatement après, elle ait formée la demande en separation
à cause si elle est resté un an ou deux dans les liens, et qu'elle ait
pendant tout ce temps cohabité avec son mary, et qu'elle en ait
mesme eü des Enfans, il y a eü dans ces cas une réconciliation parfaite
et il n'est plus permis, pour quelque cause que ce soit, d'aller
recherche de vieux faits contenus en des plaintes que cette
reconciliation a entierement aneantis, ce principe se puise
encore dans l'équité en faveur du mariage, pour autant les
Separations entre conjoints sont odieuses, et blessent la chose publique
autant tout ce qui tend à restablir entre eux l'union et la bonne
Intelligence est favorable ces principes posés, il est aisé d'establir
que l'on que l'on sans attention à tous les faits que l'on prouvé,
par l'enquete de l'appellant, et que l'on considere les differentes
plaintes rendües par l'Intimée en l'enqueste qu'elle auroit fait faire
En Consequence l'on ne trouve aucune cause valable de separation
et par Consequent que c'est sans aucun fondement que les premiers
jugés par la sentence dont est appel ont ordonné que les
parties demeureroient separées de corps et d'habitation

1°. L'enquete de l'appellant du 3 mars 1730 composé de dix
Témoins tous gens dignes de foy et irreprochables constate de la
manière la plus precise plusieurs faits essentiels, descifs et
qui écartent absolument tous les faits prétendus de
dissipation, d'esbauches, de chraisen et de mauvais traitemens
qui ont Servy de fondement à la d. D. en Separation de l'Intimée
L'on y voit une peinture naïve et d'après nature de caractère
de l'Intimée, et la Cour reconnoitra, Si une femme furieuse et
emportée qu'e seduite par de mauvais Conseils, harcelle à chaque
Instant Son mary par les injures les plus outrageantes, est
bien fondé par un procedé aussy contraire à la douceur et
à la Soumission qui doivent estre le partage (l'apanage) de son Sexe, et
à se separer des moyens de Separation

L'on ne fera qu'une Analyse Sommaire de cette enqueste
tous les faits qu'elle renferment Se reduisent à six principaux
Le premier que l'appellant depuis Son mariage, a toujours
esté dans son quartier pour un très honneste homme, d'une
une Conduitte, et très appliqué au Soin de Son Commerce
et de ses affaires domestiques, qu'il en a toujours tres bien
avec l'Intimée l'ayant toujours traitée avec

avec beaucoup de douceur et de complaisance et
d'honnesteté

2° Qu'il n'en a pas eté de même de l'Intimée qui
est d'une humeur fort querelleuse et très insuportable
qu'elle aura eü que des Duretés et que des mauvaises ma[nières]
pr l'appellant, qu'elle et la d[ite] La Verde sa mère lu[y]
par leurs mauvaises humeurs causé beaucoup de Chag[rin]
et l'ont fait beaucoup souffrir et qu'il a falu que l'appel[lant]
ait eü une patience à toutte epreuve pour avoir [souffert]
aussi tranquillement tout ce qui luy a eté fait et de [sa]
femme

3° Les témoins l'ont souvent entendu vomir [faire]
luy des Injures les plus atroces, de Gueux, de Gueuse, [de]
poüilleux, filous, voleur, frippé, parjure, mangeur de
biens et autres semblables, et déclarer seulement qu'e[lle]
ne voulou jamais habitter avec luy, qu'elle a... aux tous
tems qu'ils ont demeurés dans la maison de se[s] [parens]
de la Verde, l'Intimée et sa mère n'ont cessé de le tr[aiter]
ainsy et que par de semblables discours elle a souvent
arrester les passans à leur porte, à la honte et Confu[sion]
~~de tous les~~ de l'appellant qui n'avoit pas merit[é]
en tel traitement et qui ne leur en avoit donné aucun
Sujet

4° que Lorsque l'Intimée s'apercevoit que l'appell[ant]
brasseur de son metier donnoit à boire son Congé de
à quelqu'ouvriers qu'il avoit fait travailler, ou qu'il étoit
allé dans le voisinage se rafraichir avec quelqu'uns de
ses amis, aussitot elle venoit le trouver Comme une fur[ie]
et ne cessoit de l'accabler de ses mêmes Injures jusqu'à
qu'elle se fussent retirée

5° qu'à tous ces Injures capable d'échauffer la b[ile]
et emportement de l'homme le plus flegmatique l'app[ellant]
loin de s'emouvoir ne repondoit que par des paroles
de douceur d'amitié et de paix

Enfin que plusieurs fois l'Intimée et sa m[ère]
qui s'accordoient parfaitement pour Chagriner l'app[ellant]
l'ont enfermé dans la Chambre sur la rue, et en ont
emporté la clef et qu'il n'a aperçu en sortir que par
la fenestre à la faveur de deux echelles attachées [l']
une de l'autre qui luy furent tendues par quelques
garçons, ce qui exita contre elle le murmure de tou[s]
les voisins et passans.

A ces traits et autres semblables qui sont
parfaittement prouvés par cette enqueste, Comment et [...]

possible de reconnoitre l'on homme violent et emporté, et tel que
l'Intimée veut dépeindre, l'appellant qui se serre à sa femme de
complaisant même jusqu'à l'excès, et jusqu'à oublier sa qualité de
mary

Il y a plus quand même les suppositions, ce qui n'est pas, que
l'appellant n'eut pas resisté à quelques emportemens passagers
qu'il eut quelquefois usé d'imposition de mary sur sa femme,
l'on a vu suivant les principes qui viennent d'être établis
qu'une honnête correction n'est jamais deffendue à un mary surtout
envers personnes du commun, telles que sous les parties, avec une
femme violente, et emportée, qui ne laisse aucun moment de
relasche à son mary, quoy qu'elle se trouve seconde dans tous
ses caprices, et être même conseillée par une mère déraisonnable
avec qui elle demeure, vomir sans cesse contre luy les injures les
plus outrageantes, qui déclare hautement qu'elle ne veut jamais
habiter avec luy, qui l'enferme à la clef dans sa chambre et le
force au péril de sa vie à en descendre par la fenêtre, ne
mérite elle pas que l'on use envers elle de cette correction, et si
un mary ne peut pas en user en pareil cas dans nulle occasion,
pourroit donc se le servir mais que dans de pareilles circonstances
une femme de pareil caractère puisse son moyen valable de
séparation de quelques coups qu'elle suppose avoir reçu de son mary
dans des occasions ou la patience est echapée à l'homme le plus
sage et le plus tempéré, et que des premiers juges ayant adopté
cette prétention c'est on ose le dire, ce qui n'eut jamais d'exemple,
si cet exemple étoit autorisé les tribunaux qui dans ces
derniers temps n'ont déja que trop ressenti d'instances de séparation
s'en trouveroient bientôt inondés, toutes les femmes qui par
degout ou par caprice ou par quelqu'autre motif aussi déraisonable
voudroient secoüer le joug du mariage s'auroient bientôt se
menager des moyens de séparation, il leur suffiroit pour cela d'aller
consulter l'Intimée sur les voyes par lesquelles on peut parvenir
à faire patienter son mary le plus doux et le plus complaisant et à se
menager quelques coups et bientôt l'engagement le plus sacré et
le plus indissoluble de la société ne deviendroient plus qu'un jouet
ou à la honte de notre siècle les marys seront toujours la victime
malheureuse; si de ces observations l'on passe à l'examen
des plaintes rendues par l'Intimée, et de son Enquête l'on n'y
trouve pas plus de causes de séparation.

L'on convient que l'Intimée a rendue sept differentes
plaintes contre son mary de ses sept plaintes, il en faut

escarter d'icy, les 3 premieres des 23 avril et 29 may 17
abrié 1726, dememe que les faits qu'elles renferment s'etro
aujourdhuy entierrement aneantis par deux enlevee deces
et par une Cohabitation continuelle, et non Interrompue
conjoints pendant tout ce temps suivie des survenances
desorte que quand meme, ce qui n'est pas, ces faits pretendus
et mauvais traitemens seroient prouvés par l'enquete de l'In
l'honneur et la dignité du mariage et la faveur de l'union et de
bonne intelligence retably entre mary et femme et marqu
sceau leplus autentique, l'on veut dire par la naissance d'e
ne permettroit pas de les reveiller aujourdhuy aleffet d'oper
une separation debien, ces faits doivent etre enseveli
dans un eternel oubly, dememe que toutes les dispositions
temoins de l'enquete de L'Intimee qui peuvent y avoir quelq
rapports

il en est dememe des 3 dernieres plaintes des 6. 29. et 26
1728, Tous les faits qu'y ont été detaillés par l'Intimee ne
point personels a l'appellant, et ne proviennent point deson
elle ne sy plaint que de quelques injures, et mauvais trai
qu'elle pretend avoir souffert delapart de quelques voisines
itoient sans doute indignés de veoir la maniere dont elle
resortoit avec son mary, mais ausquels l'appellant de cela
qu'il na jamais eu aucune part

Les faits sur lesquels L'Intimee peut aujourdhuy se son
demander en separation, se reduisent donc uniquement a ceu
sont renfermés dans la quatrieme plainte qui est du 17 8bre
posterieure de deux annees a la troisieme

or par cet acte L'Intimee n'articule aucun fait deseu
et mauvais traitemens elle se plaint seulement dec
refend que son mary luy a donné du mal et deceque la
dela tuer et dela faire enfermer al'hopital

Mais on a vû dans le fait ce que c'etoit que ce mal qu
que L'Intimee a qualifiée de mal Venerien que c'etoit qu
de Gonorhée qui pouvoit aussi bien provenir du vice de
temperament ou deceque'elle avoit bû trop de biere d
son mary fait une gros commerce, que d'une source il

Dailleurs La Cour a toujours jugée par les arests
la grosse maladie ou toutes autres infirmités nee sou p
des causes valables de separation, il y a l'aret fameux
Bourdiac qui a debouttée une femme de la demande de
separation, qu'elle avoit formée sous pretexe que son
luy avoit donnée du mal Napolitain quand meme
l'on supposeroit que l'appellant eut effectivement com
a femme non pas ce mal, mais seulement celle bequette

incommodité qui n'y a aucun trait, et dont les experts ont
parlé dans leur premier rapport, et comment la luy auroit-il
communiquée, puisque par le second rapport des mêmes experts, ils ont
trouvé l'appellant très sain et n'ayant par la moindre atteinte, une
marque d'aucun des escortes de meaux, ce ne pourroit jamais
être un moyen valable de séparation

A l'égard des prétendues menaces articulées dans cette plainte par
l'intimée, jamais de simples menaces ne furent des causes suffisantes
de séparation, il faut pour opérer la séparation que les menaces ayent
été effectuées, il faut qu'il y ait un attentat formel sur la vie
c'est ce qui a été jugé par un arrest du 12 juin 1665 rapportée par
Brodeau sur Mr Louet Lett. C N. 21 il faudroit séparer les
trois quarts des femmes d'avec leur et aller du commun dans les
mariages, lorsqu'ils se trouvent injuriés, querellés, par leurs femmes à s'en
perdre patience, ne sont pas autrement accoutumés à menager les
termes et les expressions;

Après cela sans qu'il soit nécessaire d'entrer icy dans un
examen particulier de l'enqueste de l'intimée elle se détruit et
s'anéantit d'elle même par toutes observations que l'on vient de
faire, car dès que suivant qu'il vient d'être démontré des sept
plaintes que l'intimée a rendue en differens temps, il n'y a que la
9e qui est du 17 8bre 1728, qui puisse influer sur la demande en
séparation, et y recevoir application dès que cette plainte même,
ne parle que de quelques menaces qui n'ont jamais été effectuées
dès que les trois plaintes précédentes se trouvent aujourd'huy
entierrement anéanties, par une reconciliation par suitte et par
la survenance d'enfans, et que les trois derniers ne renferment
aucun fait particulier, ni personel à l'appellant, il en resulte
necessairement que tous les faits de prétendues séuices et
mauvais traitement, dont les témoins de l'enquête de l'intimée
pourroient avoir déposée, ne peuvent jamais se rapporter,
qu'au temps des trois premieres plaintes et dès lors ils doivent
subir le même sort, c'est à dire que ces plaintes se trouveroient
entierrement anéanties par la reconciliation subsequente,
toutes ces depositions s'évanouissent et elles devoient être
absolument rejettées par les premiers juges.

L'on voit en effet que les troisieme onzieme, et treizieme
témoins ne déposent que des faits passés avant le 17 8bre 1726
c'est à dire quels ne parlent que des faits antérieurs à cette
reconciliation, et que le second quatrieme, sixieme et septieme
vieme, douzieme temoins (et autres, ne désignent point
tout temps des faits de leurs prétendus contenus en leurs
positions ce qui fait que quand même il seroit possible
être supposée veritables, on ne pourroit jamais les
repliquer raisonnablement qu'au temps qui a precedé
cette même reconciliation qui les a totalement anéanti
il y a plus la fausseté et la supposition de tous les

fait se manifeste meme par lenquete de lappellant
a esdevant rassemble en substance les depositions
il est de principes que lors quil agit de balancer le mer
probité et la foij et les moeurs des temoins s'ils sont
ou ennemis, de celuy pour ou contre, quil deposent, s'
de pauvres gens, quil soit aisé de gagner par argent
ff. de testibus et in testimonio dignitas fides mo
graui las examinanda, et la loy 3.e ff. 1.er et 2.e ff.
adjoute testium fides diligenter examinanda est
in persona eorum exploranda erunt imprimis condi
cujusque fide, uterum quis decuria an plebeius si
honesta et inculpate instas, an vero nota lui qui
reprehensibiles an locuples vel egens, ne vi lucri caus
faele admittas uel an inimicus credi aduersus quem
testimonium dat et le 66. ff. ne veut pas que les fem
elles soient admises en temoignage qua pallan
quartam faeit scerit ne testis esse non polest or des
temoins qui ont ete entendus dans lenquete de l'intimé
il ny en a pas un seul tour suivant ce principe la
disposition ne doive etre rejettée;

Genevieve Le Long premier temoin a ete pendant
anneés a l'hospital, ou son marij l'auroit fait enfermee
pour ses debauches, Jean Robitail second temoin est
charetier, qui a mandié a Paris, et a qui les pere et me
L'intimée ont donnée de largent pour deposer loir
cte obligé pour sa mauvaise conduitte de la faire s
de la maison, ou il demeuroit, de sorte qu'il na pouvoir
ni feu ni lieu; Louis quentin, troisieme temoin est s
ouvrier en bas qui depose contre lappellant pour
de ce que faute de payement de loijers quil luy doit act
a eté obligé de luy donner congé; Jeanne antoinette
Boulanger quatrieme temoin, n'est pas plus digne de
elle est intime amie des pere et mere de l'intimée, tou
les fois qu'elle et son marij viennent a paris pour leurs
et ils n'ont point d'autre logis que celuy de Me verd
Verde, ils y boivent, mangent et couchent, Chretien fr
Blin cinquieme temoin se dit antien amy du pere et de
est un chirurgien officieux et infidel qui viole contre
les regles le secret quil suppose luy meme luy avoir e
confiée par lappellant et sa femme, Nicolas Guiblon n'est
malheureux savetier reduit a la mandieité et qui est a
charité de la mere de l'intimée; il y a long tems cause
scandale dans son quartier par le mauvais commer
dans lequel il vivoit habituellement avec une fille
Il en est de meme de Marie Poulencu septième

temoin cest une pauvre femme qui gagne sa vie
a porter les Crochets, son mary est Soldat aux gardes —
Sa deposition n'est dûe qu'à quelqu'argent que luy a donné
la mere de l'Intimée, elle en est Convenue elle meme lorsque
l'appellant luy a reproché la fausseté de sa deposition.

Angelique la grange huitieme Temoin est une fille de
mauvaise vie qui a autrefois servy chez l'appellant qui
s'etant apperçu de son mauvais Commerce, qu'elle entretenoit
avec son garçon et avec plusieurs autres qu'elle faisoit venir
dans la maison, il fut obligé de la mettre dehors au bout de quatre
jours, l'appellant s'apperceut meme que pendant ce peu de temps
il se trouva beaucoup de choses desperdues

Contre Marie onzieme Temoin n'est pas plus croyable elle
est en tres mauvais renom dans son quartier et entierrement
denoncé à l'Intimée et à sa mere chez elle quel'Intimée lorsqu'elle
premedita de quitter son mary mis en depot ses linges, hardes et
nippes en Tout ce qu'elle emporta de la maison de son mary —

Catherine Legal douzieme Temoin est aussy amie et Tout a
fait denoncé aux Interests des pere et mere del'Intimée,
C'est un fait notoire dans le quartier Francoise Gendon treizieme
Temoin a pareillement eté Servante domestique chez l'appell:
qui fut obligée de la mettre dehors a cause de son libertinage —
elle est apresent simple fille de Journée chez un Cardeur
de matelas, son mary a eté prest plusieurs fois de la faire
enfermer a l'hopital et elle vit meme encore actuellement dans
le Desordre;

Mais Jeanne Godelard quatorzieme Temoins est la Couturiere
de l'Intimée et tres liée avec elle Sa reputation n'est pas meme
des plus integre, d'ailleurs parmi ces Temoins Il y en a meme
quelques uns qui ne sont jamais venus dans la maison de l'app.t
dans le temps qu'il demeuroit avec sa femme et qui en sont
eloignés, ils ne peuvent donc par eux memes avoir aucune
connoissance des faits dont il s'agit enfin Tous ces Temoins
ne deposent que ce qu'ils ont entendu dire a l'Intimée et
non pas de visu ou que de faits seulement pretendu passé
pendant le Cours des trois premieres plaintes qui ne —
subsistent plus aujourd'huy.

Il n'en est pas de meme des Temoins qui composent
enquete de l'appellant, ce sont tous de bons marchand,
uns dignes de foy et irreprochables, eprouchés —

voisins des parties qui étoient très apportées de la
conduitte de l'appellant ; les attentions ménagemens [
qu'il a eu pour sa femme et d'attester comme témoin
tout ce que l'Intimée par les mauvais Conseils de sa me[re]
a souffrir a l'appellant par ses Injures violentes et en[?]
réiterés, l'Intimée ne pouvant allecun fait valable d[e]
une séparation et e son enqueste mesme en ne méritant a
c'est très Injustement que les premiers Juges ous ordonnée
les parties demeureroient séparées de corps et d'habita[tion]

Second Grief

Quand mesme, ce qui n'est pas, ils eussent été bien
a l'ordonner, il est Certain que les Causes et Conventions
sont sacrées et inviolables et que quelques séparation
Servies dans la suitte rendre Conjoints ces Causes doivent
recevoir leur pleine et entierre exécution
 ou par le Contract de mariage du 10 7bre 1722 de l'app[ellant]
avec l'Intimée il est dit quen cas de renonciation a la Com[munauté]
l'appellant aura d'ans annés entierres pour la restitution de[s]
sans que pendant tout ce temps il soit tenue des [?]
Interest et l'acte de renonciation du 3 avril 1730 que l'In[timée]
a fait a la Communauté est essentiellement nulle, faute
et insinuée car l'Insinuation en étant datte du 3 precede[?]
a dire d'un moin avant l'acte mesme de renonciation et
formalité de l'insinuation, l'insinuation etant absolue et
indispensable pour la validité de l'acte, cette autre ill[?]
apres cela le mesme effet, que si il n'a jamais eu de renonc[iation]
ni d'Insinuation
 Les premiers Juges par leur Sentence n'ont donc p[as]
Condamné l'appellant a restituer la dotte en l'estans et a[ux]
les Interests du jour de la demande en séparation c'est
a Compter du 18 8bre 1728 mais Ils devoient ord[onner] que l'In[timée]
seroit tenue de faire une nouvelle renonciation a la
et ne Condamné l'appellant qu'en la Cause exprès de fo[?]
de mariage a restituer les 2550 # qu'il avoit receu en dott[e]
et payer les Interests pendant deux ans a Compter seulle[ment]
du jour que l'Intimée rapporteroit un acte de renonciati[on]
bonne forme c'est a dire bien et deument Insinuée
 Le dernier grief que l'on a proposé que subs[iste] d'acr[?]
en mesme dans une plus Sensible que depuis l'Inst[ance]
de séparation Commencée l'appellant a toujours
fourny aux frais de la nourriture et éducation de
enfans qui luy restent de son mariage avec l'In[timée]
Et que l'égard de l'Intimée depuis qu'elle a quitté
maison de son mari elle a été toujours été logé
nourrie chez ses père et mere et sur les arrérages

rente de 200 # qui ont aussi esté apparti de ce à Dot
et dont les fonds sont toujours resté entre leurs mains
et que cette rente par raport a la Condition est suffisante et
au dela pour fournir a sa nourriture et entretien jusqu'a
l'expiration de deux année stipulées par le Contract de
mariage pour la restitution de la Dot

Enfin l'Intimée etant de toute maniere mal fondée
en sa Demande en Separation d'habitation les premiers Juges
au lieu de Cond. Comme ils ont e fait l'appellant aux Depens
devoient, debouter l'Intimée de sa Demande, et la Cond.
en tous ses Depens

C'est par ces raisons et autres qu'il plaira a la Cour
Suplier de Droit et d'equité que l'appellant persiste
en ses Conclusions et avec Depens: